Anooj Inaajimod

Anooj Inaajimod

AANJIBIMAADIZING

EDITED BY

Anton Treuer

and

Michael Sullivan Sr.

ILLUSTRATED BY

Jonathan Thunder

MINNESOTA
HISTORICAL
SOCIETY PRESS

mnhspress.org

The Minnesota Historical Society Press is a member of the Association of University Presses.

Manufactured in the United States of America

10 9 8 7 6 5 4 3 2

∞ The paper used in this publication meets the minimum requirements of the American National Standard for Information Sciences—Permanence for Printed Library Materials, ANSI Z39.48-1984.

International Standard Book Number
ISBN: 978-1-68134-178-1 (paper)

Library of Congress Cataloging-in-Publication Data
Names: Treuer, Anton, editor. | Sullivan, Michael D., Sr., editor. | Thunder, Jonathan, illustrator. | Aanjibimaadizing (Onamia, Minnesota), author.
Title: Anooj inaajimod / Aanjibimaadizing ; edited by Anton Treuer and Michael Sullivan Sr. ; illustrations by Jonathan Thunder.
Description: Saint Paul : Minnesota Historical Society Press, [2020]. | Audience: Ages 10 | Summary: "In this anthology of twenty-three charming and original stories, people get into and out of trouble, make and solve problems, and have funny and surprising adventures. The tellings range from hilarious personal reminiscences to legendary exploits, both modern and historical. *Anooj Inaajimod* (They Tell All Kinds of Things) is written for teachers, students, and Ojibwe language and culture enthusiasts ages ten and above."—Provided by publisher.
Identifiers: LCCN 2020021794 | ISBN 9781681341781 (paperback)
Subjects: LCSH: Children's stories, Ojibwa.
Classification: LCC PZ90.O55 A56 2020 | DDC 897/.333—dc23
LC record available at https://lccn.loc.gov/2020021794

Dibaajimowinan

Anooj Inaajimod

1 Mekadewazhed

Gaa-tibaajimod **LEE STAPLES**

Gaa-tibaajimotawaajin **DUSTIN BURNETTE**

Mii omaa wii-tazhimag a'aw gwiiwizens Waase-giizhig gii-izhinikaazo. Shke dash imaa aabiding gikinoo'amaadiiwigamigong gii-ayaad megwaa imaa bimi-ayaad ani-izhaad iwidi abiwining waa-tazhi-gikinoo'amawind, gaa-izhi-noondawaad imaa awiya endanwewemonid mawinid. Mii a'aw gaa-wenda-gagwaadagitood gaa-waabamaajin, Waasigwan gii-izhinkaazo a'aw gwiiwizens. Waasegiizhig gaa-izhi-gagwejimaad, "Aaniin dash wenji-mawiyan?"

Gaa-izhi-wiindamaagod, "Nebowa niwiiji-gikinoo'amaaganag omaa nindinigaa'igoog. Anooj nindinaapinemigoog. Shke dash i'iw wenji-miikinzomigooyaan, mii iw makadewazheyaan. Shke a'aw nindede gii-makadewiiyaasiwi. Miinawaa nimaamaa anishinaabewi. Shke dash mii iwidi enaageyaan nindede makadewiiyaasiwid. Shke dash ingiw niwiiji-gikinoo'amaaganag ezhiwaad, 'Gaawiin imaa gidibendaagozisiin gikinoo'amaagooyang, gaawiin Anishinaabe gidizhinaagozisiin.'"

"Anooj dash indigoog, nimiikinzomigoog. 'Nandookomeshiinh gidizhinaagoz.' Naa anooj indigoog igaye nijaanzh ezhinaagwak, mangideyaamagak. Geget dash niwenda-wiisagishkaagon apane noondamaan i'iw. Mii go ezhi-inigaawendamaan. Naa go gaye mii ezhichigewaad nimiigaanigoog, nibakite'ogoog aanawenimigooyaan, mii dash i'iw wenji-mawiyaan omaa noongom. Gaawiin niminwendanziin inigaa'igooyaan gikinoo'amaagoowiziyaan omaa. Mii dash gaa-izhi-zhawenimigod onow Waasegiizhigoon.

1

"Gidaa-naadamoon," odinaan, "Gida-wiijigaabawitoon dibishkoo da-ni-miigaadamang idash i'iw eni-doodaagooyan omaa endazhi-gikinoo'amaagoowiziyang."

Mii dash i'iw Waasegiizhig gaa-igod a'aw Waasigwan, "Mii go a'aw nimishoomis epenimoyaan ani-gagwaadagi'igooyaan gegoo asemaa ko indininamawaa a'aw akiwenzii nanaandomag da-wiidookawid. Gidaa-bi-izhaa imaa gabeshiyaang da-bi-miinad a'aw akiwenzii onow asemaan da-naadamook idash." Mii dash gaa-izhichiged a'aw Waasigwan. Gii-o-naazikawaad onow akiwenziiyan endaanid.

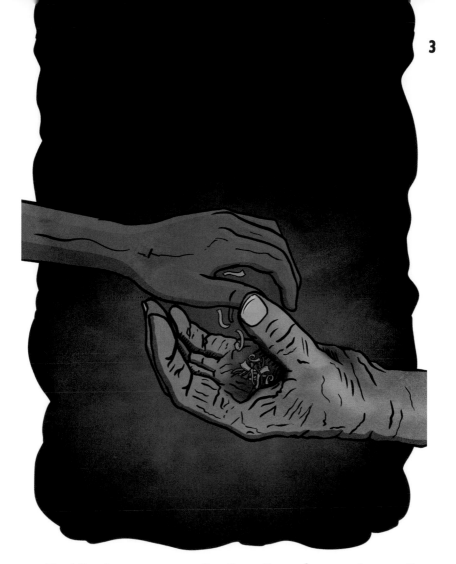

Gaawiin eta go asemaan gii-miinaasiin waabooyaan igaye ogii-o-ininamawaan. Mii dash imaa gii-wiindamawaad, gii-ni-dazhindang, ezhi-inigaachigaazod imaa endazhi-gikinoo'amaagoowizid. Ishke dash onow akiwenziiyan gaa-igod, "Mii go gakina a'aw bemaadizid, misawaa go enazhed, mii go ezhi-zhawenimigod iniw manidoon. Geget a'aw Anishinaabe maazhichige inigaa'aad onow wiiji-bimaadiziiman bakaan ezhinaagozinijin, enaanzonijin. Inashke a'aw Anishinaabe odaa-wii-mikwendaan mii iw Chi-mookomaanan gaa-onji-inigaa'igod bakaan inaandenig enazhed a'aw Anishinaabe. Nashke, nebowa a'aw Chi-mookomaan wenjida ishkweyaang gii-

wenda-apiitenindizo. Mii dash imaa gaa-onjikaamagadinig gii-
inigaa'indwaa anooj enaanzojig bemaadizijig.

Shke dash odaa-wii-mikwendaanaawaa Anishinaabe gaa-
izhi-inigaachigaazod, gii-aanawenjigaadenig, gii-aanoozomind
da-webinang onow manidoon gaa-ina'oonigojin da-inwed, biinish
ezhitwaad. Geget gii-kagiibaajichige a'aw Anishinaabe aazhita
gaye wiin wii-toodawaad onow wiiji-bimaadiziiman. Mii go
dibishkoo gaye wiin a'aw Makadewiiyaas gaa-izhi-inigaa'igod onow
Chi-mookomaanan. Mii go gaa-izhi-bitaakobinigod iniw Chi-
mookomaanan gii-pi-aazhogewinigod imaa gichigamiing. Shke
dash a'aw Makadewiiyaas, mii go gakina gegoo gaa-izhi-wanitood
gaa-izhi-miinigoowizid. Booch odinwewin gii-ayaamogwen
biinish gaye odizhitwaawin. Mii go gakina gaa-izhi-wanitood
a'aw Makadewiiyaas gaa-izhi-miinigoowizid. Shke dash a'aw
Anishinaabe miinawaa a'aw Makadewiiyaas, daa-niibawitaadiwag
da-miigaadamowaad gegoo akeyaa da-ni-izhiwebizisigwaa
miinawaa oniigaaniimiwaang.

Mii imaa gaa-izhi-wiindamaagod onow akiwenziiyan
a'aw Waasigwan, gii-wiindamaagod dash da-giiwed da-
naanaagadawendang gaa-izhi-wiindamaagod onow akiiwenziiyan.
Ogii-igoon dash da-bi-azhegiiwed miinawaa azhigwa ingo-
giizhikwagak gaa-pimisemagak.

Mii dash miinawaa a'aw Waasigwan gii-o-naazikawaad iniw
akiwenziiyan. Mii dash a'aw akiwenzii gaa-izhi-dazhimaad onow
abinoojiinyan enigaachigaazonijin. Shke dash gaa-ikidod a'aw
akiwenzii, "Aanind ayaawag ingiw abinoojiinyag enigaachigaazojig.
Maagizhaa gaye ingiw genawenimogowaajin omaji-igowaan apane
aanawenimigowaad. 'Gaawiin gimino-abinoojiinyiwisiim.' Mii iw
enindwaa. 'Gigoopadizim. Mii go apane ezhi-wanichigeyeg gegoo
wii-ni-izhichigeyeg.' Geget apane go gii-aanawenimigowaad onow
genawenimigowaajin.

Ishke dash ezhiwebizid a'aw abinoojiinh enigaa'ind apane, mii go imaa eni-debwetang enind maji-gwiiwizensiwid maagizhaa ge maji-ikwezensiwid. Mii go gegapii ezhi-debwetamowaad ani-aanawenindizowaad biinjina biinish imaa odinendamowiniwaang. Ishke dash mii iw akeyaa ge-izhichigewaapan da-zaaga'amoomagadinig goopadenindizowaad. Mii iwidi bagwaj ge-izhaawaapan da-nasanaamowaad imaa megwayaakong. Mii iko gaa-inindwaa da-noondaagowaad iniw manidoon imaa eyaanijin imaa bagwaj da-zhawenimigowaad da-naadamaagowaad. Mii gaye ge-izhichigewaapan da-nandawaabamaawaad awiya da-ni-waawiindamawaawaad i'iw gegwaadagi'igowaad biinjina. Booch da-zaaga'amoomagadinig i'iw wenda-gagwaadagi'igowaad. Mii eta go akeyaa ge-ni-mino-ayaawaad oniigaaniimiwaang.

Ishke dash ow Waasigwan, mii gaye giin ge-izhichigeyan. Gego debwetangen ingiw aanind waaji'ajig ekidowaad i'iw aanawenimigooyan. Ishke eni-debweyendaman i'iw egooyan, mii iw ge-ni-bitaakoshkaman giniigaaniiming. Gaawiin da-minawaanigozisiin ani-bimaadiziyan giniigaaniiming. Ishke mii imaa wenjikaamagak nebowa a'aw bemaadizid nisidizod eni-apiitenindizosig. Geget da-maanendamoog ingiw gaa-maji-inaapinemikig. Gaawiin omoonendanziinaawaa, mii imaa ge-onjikaamagak da-nisidizopan awiya."

"Mii dash Waasigwan giwii-wiindamoon ge-izhichigeyan. Aangwaamizin gikinoo'amaagoowiziyan. Wawiingezin imaa da-ni-gikendaman gekinoo'amaagooyeg. Shke dash imaa wenda-minwiiyan da-ni-gikendaman gekinoo'amaagooyeg, gidaa-aada'waag ingiw giwiiji-gikinoo'amaaganag. Gidaa-aanzaabanda'aag. Wenjida ingiw gaa-inigaa'ikig, mii imaa gaye da-miigaadaman gii-inigaawendaman. Maagizhaa gaye gidaa-biminizha'aan da-wawiingeziyan imaa anooj i'iw ataagewaad ingiw eshki-bimaadizijig. Naa ge gidaa-biminizha'aan da-wawiingeziyan bakitejii'igeng maagizhaa gaye biinjwebinigaadeg

i'iw bikwaakwad. Mii gaye imaa ge-naadamaagoyan biinjina.
Mii dash imaa da-waabandaman geget gigii-kiiwanimotaagoo
gii-aanawenimigooyan."

Mii dash imaa weweni gii-miigwechiwi'aad onow akiwenziiyan.
Shke dash a'aw Waasigwan eshkam gii-ni-mino-ayaad. Gii-
minawaanigozid bimaadizid, gaawiin gegoo ogii-wanishkwe'igosiin
geyaabi. Gii-sazegaa-ininiiwi. ●

2 Giizis

Gaa-tibaajimod **BETTE SAM**
Gaa-tibaajimotawaajin **MONIQUE PAULSON**

Inini izhinikaazo Giizis naa iniw odikweman
o-nandawaabamaawaad animoonsan. Gaa-izhi-
mikawaawaad iniw animoonsan, makadewiziwan.
Gaa-izhi-izhinikaazod 'Giizis,' odedeyan
izhinikaazonid. Chi-minwendam animoons giiwewinind.
Weweni go gaye ashamigod. Minwendam sa go ji-babaamibatood
waakaa'iganing baa-dazhitaad.
Gaa-izhi-adaawetamawind gaye
onibaagan naa go odoonaagan.

Mii iw ge izhinikaazonid iniw
odedeyan, 'Giizis' da-izhi-wiinaa.
Weweni go ge gii-bizindawaad
ogitiziiman agwajiing gaye
apane gii-izhiwinind ji-babaa-
dazhitaad. Aabiding gaa-izhi-
mawadishiwewaad minwendam
Giizis sa go babaamibatood naa
wiiji'aad iniw abinoojiinyan imaa
endaanid.

Gaawiin wiikaa ogikendanziin
i'iw mawadishiwewin. Gaa-izhi-
maaminonendang odoonaagan
naa owiisiniwin gii-piina'igaadeg.

9

Ogikendaan waa-naganind. Nandawaabamaad odedeyan naa omaamaayan gii-maajaanid. Maaminodendam, "Aaniin danaa naganigooyaan maagizhaa ge mii omaa apane ji-ayaayaan." Gwiinawenimaad ogitiziiman nawaj igo gii-ni-maanendam, naa gii-kashkendam. Endaso-giizhig gwiinawenjiged.

"Aaniin danaa!" Mii iw gaa-izhi-noondawaad iniw omaamaayan, "Aaniin ningozis, aaniin ezhi-ayaayan? Gigwiinawenimin gaye giin."

Giizis gii-waabandang, "Awegonen danaa genawaabandamaan?" Gaa-izhi-noondawaad odedeyan, zhoomiingwenid, "Aaniin ningozis! Gimino-ayaa ina? Gigwiinawenimigoo gaye. Wayiiba go inda-dagoshinimin."

Chi-minwendam a'aw Giizis waabamaad omaamaayan odedeyan imaa mazinaatesenid dekonigaadeg mekadewaag, "Aandi danaa ingiw maamaa naa dede ayaawaad?"

Apane nandawenimaad. Bangii go gii-maanendam. Mii endaso-giizhik gii-nandawaabanjiged gwiinawendang, "Aaniin danaa wapii waa-pi-aanji'igooyaan?"

Midaasogon gaa-pimisenig, ishkwaa-nawakweg gaa-izhi-maajiinind iwidi waakaa'iganing. Ogikendaan, "Mii omaa gaa-onjibaayaan." Ganawaabandang inendam, "Aaniin danaa ezhiwebak? Owa! Nimaamaa naa indede biidaasamosewaad. Mii gii-pi-naazikawid aw nimaamaa." "Giizis nigozisens, niminwendam bi-giiweyan. Gigwiinawenimigoo."

"Giizis! Niminwendam waabaminaan." Chi-minwendam aw Giizis bi-giiwed. Mawid weweni go Giizis ganawaabamaad ogitiziiman. Mii go apane ge izhi-mawiinsiwid. Minwendam bi-giiwed.

Chi-minwendam sa go ezhi-babaamibatood naanaagadawendang, "Gaawiin miinawaa wiikaa niwii-wiindanziin i'iw *a vacation* ezhinikaadeg." Mii iw weweni ge-izhi-ayaad a'aw animoons ezhinikaazod 'Giizis.' ●

3 Niizh Ikwezensag Gii-nagajiba'iwewaad Gikinoo'amaadiiwigamigong

Gaa-tibaajimod **FRANCES DAVIS**

Gaa-tibaajimotawaajin **CHATO GONZALEZ**

Aabiding gikinoo'amawindwaa niizh ikwezensag, ani-ziigwanini mino-giizhigadinig bagidinindwaa da-naawakwe-wiisiniwaad. Gaa-izhi-inendamowaad da-bi-azhegiiwesigwaa gii-kiiwewosewaad.

Gaa-izhi-maadosewaad oodenaang. Gii-tazhi-gikinoo'amawaawag midaaso-diba'igan iko gii-dagonini endaawaad, mii dash iwidi gaa-inosewaad. Ogitiziimiwaan gaa-izhi-wiindamawindwaa da-bi-azhegiiwesinig imaa gikinoo'amaadiiwigamigong.

Gii-maadosewaad gaa-izhi-nagaashkaanid bebezhigooganzhii-wiikobinaanid zagapijiganan gaa-izhi-booziwaad ingiw ikwezensag. Gomaapii-sh igo gii-izhiwinaawag gii-kabaawaad miinawaa gii-maadosewaad.

Mii dash eni-dagoshinowaad idi endaawaad, mii aw bezhig ikwezens gaa-izhi-gagwejimigod odedeyan, "Aaniin gaa-izhiwebak gikinoo'amaadiiwigamigong noongom?" "Gaawiin gegoo gii-izhiwebasinoon."

Miish miinawaa gaa-izhi-gagwejimigod, "Aaniin gwayak gaa-izhi-dagoshineg? Gaawiin gigii-boozisiim gikinoo'amaadiiwidaabaaning?"

Miish gaa-izhi-wiindamawaad, "Gaa-izhi-bimoseyaang." Miish iniw odedeyan gaa-igod, "Mii sa go chi-wiiyagiziyeg gii-pimoseyeg maagizhaa miinawaa gaawiin gidaa-izhichigesiim i'iw."

4 Animoshish

Gaa-tibaajimod **WILLIAM PREMO JR.**

Gaa-tibaajimotawaajin **DUSTIN BURNETTE**

Mewinzha ningii-wiiji'aa a'aw bezhig animoons. Gii-ayaa iwidi niitaawis Amik gaa-nitaawigi'ind endaad. Mewinzha ningii-gikenimaa bezhig animosh Rebel ezhinikaazod. Ningii-wiiji'aa apane anooj izhichiged iwidi megwekobiing. Aabiding iko ningii-tazhitaamin iwidi jiigibiig.

Ningii-tazhitaamin iwidi agaaming, ningii-aabajitoomin nabagisago-jiimaan babaa-dazhitaayaang. Aabiding sa go Amik igaye animoshens ningii-izhaamin iwidi agaaming akeyaa baanimaa sa go chi-noodin, gii-pi-izhaamagad giiwedinong, ningii-webaashimin imaa jiimaaning.

Mii iwidi gii-noogibideg i'iw jiimaan giiwedinong zaaga'iganing. Mii dash gaa-izhi-mawiyaang gii-moonendamaang baataasing i'iw jiimaan iwidi. Ningii-noondaagonaan a'aw nimishoomisinaan, mii dash i'iw ningii-piibaagimigonaan.

Naa gaye ningii-gozimin sa go iwidi chi-oodenaang. Apane iwidi ginwenzh ningii-ayaamin.

19

5 A'aw Gwiiwizens Gaa-shazhiibitang Miinawaa Gaa-kagiibaadizid

Gaa-tibaajimod **LEE STAPLES**

Gaa-tibaajimotawaajin

DUSTIN BURNETTE & MIIGIS GONZALEZ

Ishke dash gii-ayaa a'aw gwiiwizens. Gii-ashi-niizho-biboonagizi. Geget gii-shazhiibitam naa go gaye gii-kagiibaajichige.

Shke onow ogitiziiman ogii-moonenimigoon. Mii o'ow azhigwa gii-wiikobinind da-ni-aabajitood i'iw minikwewin enigaa'igod a'aw Anishinaabe naa biinish i'iw wenda-mashkawaamagak wenda-noomage-apaginigod a'aw Anishinaabe ani-aabajitood.

Mii gaye a'aw gwiiwizens gaa-izhichiged, mii imaa gii-pabaa-wiijiiwaad iniw eshki-bimaadizinijin, ekwii'idijig eni-maazhichigewaad baa-gimoodiwaad naa anooj ani-maazhi-doodawaawaad iniw wiiji-bimaadiziimiwaan.

Shke dash onow ogitiziiman ogii-kaagwiinawendaanaawaa ge-ni-izhichigewaad da-naadamawaawaad onow ogozisiwaan. Shke dash onow bezhig onow wiiji-anishinaabemiwaan ogii-pi-

wiindamaagowaan onow akiwenzii bezhig imaa gii-ayaa imaa ishkoniganing besho gaa-ayaamagak.

Mii a'aw gaa-mamiikwaanind a'aw akiwenzii nebowa onow Anishinaaben gii-naadamawaad. Shke dash mii iwidi gaa-izhiwinaawaad onow ogozisiwaan gii-o-waabamaawaad onow

akiwenziiyan. Shke weweni ogii-toodawaawaan onow akiwenziiyan
weweni asemaan gii-ininamawaawaad naa ge bagijiganan gii-
ininamawaawaad. Ogii-nanaandomaawaan onow akiwenziiyan
da-naadamawaad onow ogozisiwaan.

Azhigwa gaa-kiizhi-biindaakoonaawaad onow akiwenziiyan,
mii agwajiing imaa gii-izhiwinigowaad. Gii-padakidemagad
imaa owiigiwaam. Shke dash imaa ogii-ni-wiindamaagowaan
onow akiwenziiyan, "Mii o'ow wiigiwaam eni-aabajitooyaan eni-
naadamawag a'aw niwiiji-anishinaabem eni-gagwaadagitood. Ishke
nigii-izhingwash da-ni-izhichigeyaan o'ow akeyaa. Nigii-pawaanaag
ingiw manidoog. Mii o'ow apii gii-wiindamaagoowiziyaan da-
ni-aabajitooyaan o'ow wiigiwaam da-ni-biindiganag a'aw niwiiji-
anishinaabem. Mii dash imaa apii da-ni-miinigoowiziyaan da-
ni-gikendamaan da-ni-dazhindamaan da-ni-gikinoo'amawag
a'aw Anishinaabe ge-izhichiged da-maajaamagadinig i'iw eni-
gagwaadagi'igod.

Shke dash dabwaa-ozhitooyaan o'ow wiigiwaam, asemaa naa
wiisiniwin nigii-atoomin ani-biindaakoodooyaang idash imaa waa-
aabajichigaadeg da-ayaamagak dash o'ow wiigiwaam."

Shke dash omaa azhigwa ani-biindigewaad imaa wiigiwaaming
gaa-izhi-wiindamawaawaad onow akiwenziiyan enagimaad onow
odasemaawaan naa bagijigan gaa-ininamawaawaajin.

Mii imaa gii-nanaandomaawaad dash onow akiwenziiyan
da-naadamawind a'aw oshki-inini. Mii dash, "Geget," gii-
nakomigowaad. Mii dash o'ow gaa-igowaad onow akiwenziiyan,
"Ayaapii omaa gidaa-biinaawaa a'aw gigozisiwaa da-
nanaadamawag idash da-ni-gikinoo'amawag ge-izhichiged."

Mii dash i'iw gaa-inaad onow gwiiwizensan, "Giwii-wiindamoon
gaa-inenimigod onow manidoon da-ni-izhi-bimaadizid a'aw
Anishinaabe. Shke ani-bimiwidooyan ani-mamooyan eninaan
da-izhichigeyan, eshkam zakab da-ni-ayaayan biinjina naa gaawiin

gidaa-nandawaabandanziin agwajayi'ii i'iw ge-inendaman
ge-naadamaagoyan.

Shke akina bebezhig a'aw Anishinaabe apii gaa-ondaadizid
gii-kigishkaagod onow omaamaayan imaa biinjina gii-pimiwinigod,
mii owapii akina a'aw bemaadizid gii-miinigoowizid onow
ojichaagwanan ge-ni-bimiwinigojin oniigaaniiming. Shke dash onow
ojichaagwanan anishinaabewiwan.

Shke dash o'ow ezhi-misawendang o'ow bemiwinang biinjina
da-ni-aangwaamitooyang da-ni-bimiwidooyang i'iw akeyaa
ingiw manidoog gaa-inaakonigewaad ge-ni-izhi-bimaadizinid
odanishinaabeman.

Shke nebowa i'iw gigii-gikinoo'amaagoowizimin
anishinaabewiyang ge-ni-izhichigeyang. Gigii-inendaagozimin
moozhag da-ni-biindaakoojigeyang biinish gaye da-ni-
naazikamang a'aw Anishinaabe gaa-izhi-miinigoowizid okwii'idid
ani-asemaakawaawaad onow manidoon. Miinawaa da-wenda-
apiitendamang ingiw manidoog gaa-izhi-ina'oonaawaad onow
odanishinaabemiwaan. Shke dash i'iw noozis, eni-izhichigeyan i'iw
giniigaaniiming gida-ni-naadamawaa omaa biinjina bemiwinad
zakab da-ni-izhi-ayaayan biinjina gegoo gaye menezing gida-ni-
inendaagozisiin giniigaaniiming.

Shke dash a'aw Anishinaabe eni-mino-doodawaasig biinjina
bemiwinaajin, mii iw apii eni-nishwanaadizid a'aw Anishinaabe.
Mii iw waa-ayaang a'aw gijichaagwaninaan bemiwinang omaa
biinjina. Dibishkoo go awiya biinjina ani-wiisagendang, mii iw
ezhiwebizid weweni ani-doodawaasig iniw ojichaagwanan a'aw
Anishinaabe.

Mii dash iw ezhichiged, o-nandawaabandang ge-minokaagod
enendang. Shke dash mii iw wenji-izhichiged nebowa a'aw
gidanishinaabeminaan eni-mamood i'iw minikwewin enigaa'igoyang
anishinaabewiyang biinish anooj eni-aabajitood ge-nisigopan.

6 A'aw Gwiiwizens Gaa-shazhiibitang Miinawaa Gaa-kagiibaadizid II

Gaa-tibaajimod **LEE STAPLES**

Gaa-tibaajimotawaajin
DUSTIN BURNETTE & MIIGIS GONZALEZ

Azhigwa i'iw ingo-giizis gaa-pimisemagak, gaa-izhi-naazikawaawaad iniw akiwenziiyan miinawaa. A'aw gwiiwizens mii go miinawaa inow ogitiziiman gii-wiijiiwigod gii-naazikawaawaad inow akwenziiyan. Mii go miinawaa inow asemaan miinawaa bagijigan gii-ininamawaawaad inow akiwenziiyan. Ishke dash gaa-igowaad inow akiwenziiyan, nebowa imaa biinjina obimiwidoon a'aw gwiiwizens wenishkwe'igod, mii iw booch ge-zaaga'amoomagadinig mii iw gegwaadagi'igod. "Ishke dash i'iw waa-izhichigeyang," gii-ikido a'aw akiwenzii, "Mii imaa madoodiswaning niwii-piindiganaa. Azhigwa naa giiweyeg gidaa-asigisidoonaawaa waa-apagijigeyeg maagizhaa gaye waabooyaan miinawaa a'aw meshkwadoonigan gidaa-biinaawaa imaa waa-tazhi-madoodoowaad ingiw Anishinaabeg. Gego gaye debinaak gidaa-wii-izhichigesiim, enaajiwang gidaa-biidamawaawaag ingiw Manidoog da-bagijigeyeg. Gaawiin debinaak odaa-doodawaasiwaawaan inow Manidoon ingiw Anishinaabeg. Mii dash gaye wiinawaa ingiw Manidoog aazhita gaawiin debinaak odoodawaasiwaawaan inow Anishinaaben. Gijiibaakwaaniwaa gaye gidaa-biidoonaawaa. Mii iw ge-jiibaakwaadameg wenjida i'iw miijim wenda-minwendameg."

33

"Gidaa-asemaakawaawaa a'aw bemiwidood i'iw madoodiswan waa-siiga'andawaad inow gimishoomisinaanin. Ishke dash imaa dabwaa-biindigeng imaa madoodiswaning oda-zaka'waawaan onow gaa-piinaajig odoopwaaganiwaan. Mii dash imaa apii da-apagizigaazod a'aw asemaa, wiisiniwin, miinawaa bagijigan gaa-piidoojig ingiw waa-piindigejig imaa madoodiswaning. Azhigwa gaa-kiizhiitaang imaa apagizigaazod a'aw asemaa ingiw waa-piindigejig imaa madoodiswaning da-gizhibaawosewag imaa ishkodeng imaa ani-biindaakoojigewaad. Azhigwa gaa-gizhibaawosewaad imaa ishkodeng mii dash gaye gizhibaawosewaad imaa madoodiswaning ani-biindigewaad dash imaa biinjina.

Megwaa dash imaa nanaamadabiwaad biinjina imaa madoodiswaning, mii iw ezhi-biindigajigaazowaad ingiw gimishoomisinaanig gaa-wawenabijig jiigishkode abaabikizowaad. Nitam biindigajigaazowaad ingiw gimishoomisinaanig, niizhwaaso biindigajigaazowag. Ishke dash i'iw odakaabaawiziwiniwaa i'iw nibi miinawaa gaye i'iw mashkikiiwaaboo, i'iw mashkiigobag gaa-ondeg imaa ziiginigaade gaye imaa agijayi'ii gimishoomisinaaning."

"Ishke dash noozis, giwii-wiindamoon wenjikaamagak imaa naadamaagoowizid a'aw Anishinaabe azhigwa imaa biindiged imaa madoodiswaning. Ishke i'iw apate waabanjigaadeg naa gaye wenjikaamagak azhigwa ani-agonamawindwaa i'iw odakaabaawiziwiniwaa, mii iw Anishinaabe ezhi-wiindang i'iw bimaadiziwin. Manidoowaadad i'iw bimaadiziwin, mii imaa eni-biindigeshkaagod a'aw Anishinaabe eni-ikowebinigaadeg miinawaa eni-maajaamagak wenishkwe'igod aazhita dash menidoowaadak ani-biindigeshkaagod a'aw Anishinaabe. Mii dash i'iw niiwing endasing biindigajigaazowag ingiw gimishoomisinaanig gaa-abaabikizojig imaa jiigishkodeng. Niizhwaachiwag ingiw gimishoomisinaanig endasing biindigajigaazowaad. Mii dash i'iw niishtana ashi-ishwaaso ingiw gimishoomisinaanig aabajichigaazowag.

Nagamowag imaa biinjina i'iw madoodiswaning. A'aw Ojibwe-
anishinaabe odayaanan iniw nagamonan aabajitood imaa biindig.
Shke dash gaye ingiw baandigejig imaa, mii imaa bebezhig eni-
gaagiigidowaad eni-waawiindamawaawaad inow manidoon
biindig eyaanijin ezhi-bagosenimaawaad." Mii dash a'aw akiwenzii
gaa-ikidod, "Mii go imaa biinjina imaa madoodiswaning da-
bangisidoopan a'aw gwiiwizens biinjina i'iw wenda-wanishkwe'igod
naa gaye i'iw wenjikaamagadinig ani-gagiibaajichiged."

Azhigwa imaa gaa-kiizhiitaang gii-madoodoowaad, mii dash
nawaj gii-ni-waawiindamaagod iniw akiwenziiyan ge-ni-izhichiged
a'aw gwiiwizens. Mii dash o'ow akeyaa gaa-ni-izhi-waawiindamaagod
onow akiwenziiyan ge-ni-izhichiged a'aw gwiiwizens:

"Mii i'iw naa niigaan ge-ni-izhichigeyan endaso-gigizheb gidaa-
asaa a'aw gidasemaa omaa minik ko omaa gida-ni-gaganoonaag ingiw

manidoog ani-wiindamawadwaa i'iw akeyaa ezhi-misawendaman
da-naadamaagoowiziyan. Megwaa gaye bimaadiziyan, gidaa-
wiikwajitoon da-ni-naadamawad giwiiji-anishinaabem. Maagizhaa
gaye ingiw gechi-aya'aawijig gidaa-naadamawaag biinish gaye
a'aw Anishinaabe eni-gagwaadagitood. Ishke i'iw akeyaa eni-
izhichigeyan da-bi-azhegiiwemagad i'iw eni-mino-doodawad a'aw
giwiiji-bimaadiziim gaye giin naadamaagoowiziyan giniigaaniiming.
Mii gaye ge-mikwendaman gaa-izhi-gikinoo'amaagoowiziyang
anishinaabewiyang. Ishke imaa apii gii-asigooyang omaa akiing da-
ni-bibizhaagiiyang gegoo go gigii-inenimigonaanig ingiw manidoog
da-ni-dazhiikamang da-ni-izhichigeyang megwaa omaa ayaayang
akiing. Mii i'iw noozis ge-nandawaabandaman gaa-inendaagoziyan
gaye giin da-ni-izhichigeyan megwaa omaa ayaayan omaa akiing.
Gego nishwanaajitooken i'iw giwiiyaw, da-ni-mamooyan wenda-
inigaa'igod nebowa a'aw weshki-bimaadizid noongom i'iw
minikwewin naa anooj eni-aabajitood a'aw Anishinaabe wenda-
inigaa'igod. Gego mamaanjigonangen i'iw biinjina bemiwidooyan
maanaadak. Ishke gaye wasidaawendaman maagizhaa gaye gegoo
gegwaadagi'igoyan gidaa-mikawaa awiya ge-ni-waawiindamawad
wenda-wanishkwe'igoyan imaa biinjina. Mii ko gaye ingiw
akiwenziiyibaneg gaa-ikidowaad, 'Mii iwidi bagwaj ge-ni-izhaapan
awiya da-nasanaamod da-zaaga'amoomagak dash i'iw biinjina
gegwaadagi'igod. Ishke dash ingiw manidoog omaa eyaajig imaa
bagwaj gida-noondaagoog gida-naadamaagoog.'

Noozis, ayaapii gidaa-bi-waabam da-ni-waawiindamawiyan
ezhi-webinigeyan eni-bimiwidooyan i'iw gibimaadiziwin. Gaye
niin giishpin gashkitooyaan, gidaa-bi-mawadisin gaye da-ni-
nanaadamoonaan giishpin gegoo ayaamagak wenishkwe'igoyan.
Ishke dash o'ow noozis, giishpin ani-bimiwidooyan i'iw
gibimaadiziwin i'iw akeyaa ezhi-gikinoo'amoonaan, gida-ni-zazegaa-
ininiiw giniigaaniiming." ●

7 Wiisaakodewinini

Gaa-tibaajimod **JOSEPH NAYQUONABE SR.**

Gaa-tibaajimotawaajin **NICK HANSON**

 Mii eshkwaa-gikinoo'amaading, gii-ishkwaa-gikinoo'amawind a'aw Niigaan gii-izhinizha'waa iwidi chi-oodenaang ji-anokiid. Mii ongow *United States Government* imaa owii-ayaan i'iw gagwe-chi-mookomaaniwi'aad iniw Anishinaaben. Mii dash imaa gii-mamaad imaa ayaanid iwidi chi-oodenaang gii-izhinizha'waad. Mii dash iwidi a'aw Niigaan anokiid ogii-waabamaan iniw ikwezensan, ogii-nagishkawaan, mii imaa wiidanokiimaad. Mii dash imaa dibishkoo go gii-shawenindiwag. Gaawiin wiin go gegoo anooj izhichigesiiwag, mii eta go izhaawaad ko ganawaabandamowaad bikwaakwad dazhitaawaad ingiw abinoojiinyag. Mii go naa ge o-wiisiniwaad gegoo go anooj gii-paa-izhichigewag dibishkoo go, anishaa go baa-wiiji'idiwag, gaawiin mashi wiidigendisiiwag. Mii eta go nagadenindiwaad, mii eta waa-ayaamowaad.

Mii dash imaa anokiiwaad, mii imaa gii-kanoonaa Niigaan sa ji-zhimaaganishiiwid. Mii dash imaa niizhogon imaa wii-shimaaganishiiwi. Mii dash, mii gii-kiizhiitang i'iw zhimaaganishiiwiwin miinawaa gii-pi-azhegiiwed. Mii dash azhigwa besho azhigwa iniw iwidi odikwezensiman gaagiigidowaad, mii ge azhigwa gaganoonidiwaad sa ji-wiidigewaad. Mii dash imaa jibwaa-wiidigewaad, mii ko imaa gii-dazhindamowaad, "Aaniish ongow giniijaanisinaanig gwayak ezhaawaad?" Nake, a'aw wiin ikwe, waabishkiiwe a'aw ikwe. Mii dash imaa gii-ikidod, ogii-kagwejimaan Niigaanan maagizhaa, gegoo gaa-inendang, anami'aawaad.

39

Gaawiin dash igo mashi aw Niigaan gii-chi-anishinaabewisiin.
Gaawiin go mashi niibowa gii-kikendanziin iw anishinaabewiwin
i'iw ezhichigewaad Anishinaabeg. Mii dash igo gii-inendang,
"Mii go maanoo anami'aawaad." Mii dash wayiiba imaa ayi'ii
gii-wiidigewaad, gii-wiidigemaad. Mii iw anami'aawin gaa-
aabajitoowaad imaa gii-wiidigewaad. Mii geyaabi gaa-izhi-
anokiiwaad, mii imaa ge wiin a'aw bakaan wiin Niigaan gii-anokii,
mii iwidi i'iw aakoziiwigamigong ganawenimindwaa ingiw
zhimaaganishag gii-anokiid. Mii iwidi jiibaakwewigamigong imaa
gii-anokiid. Anooj igo gii-izhichige, akina go imaa gegoo gii-

izhichige, gii-kiziibiiginaagane, naa ge ko gii-wiidookaazo
imaa jiibaakwewaad. Akina go imaa gegoo gii-izhichige.

Mii dash imaa wayiiba wii-ayaawaawaad oniijaanisiwaan.
Ganabaj niiwin iniw ogozisan naa niizh iniw odaanisan gii-
ayaawaawaad. Mii dash ingiw gii-anami'aawaad iniw oniijaanisan.
Ogii-wiindamawaan dash wiin igo owiiwan, mii wiin go maazhaa go
ininiiwiwaad naa ge ikwewiwaad, "Maanoo wiinawaa ayinendamoog
waa-izhichigewaad maazhaa wii-anishinaabewiwag maazhaa ge
wii-anami'aawag. Maanoo wiinawaa giga-wiindamaagonaanig
waa-izhichigewaad." Aanind go ingiw ogii-kaganoonaan ge
iniw odanishinaabeman. Mii ongow namanj iidog giniijaanisag,
nake wayaabishkiiwejig maazhaa oga-aanawenimaawaan
anishinaabewinid naa ge ongow Anishinaabeg maazhaa ge wiinawaa
oga-aanawenimaawaan sa iniw wayaabishkiiwenijin, mii iw
waa-inendang.

Mii dash gii-kaganoonaad, ogii-wiindamawaan dash, "Mii
go maanoo inigaayenimindwaa niin wiin igo nizhawenimaag, mii
iw debiseg." Mii dash igo geget gii-maajii-gikinoo'amawindwaa,
mii azhigwa gii-pitaakoshkamowaad iw wiisagendamowin anooj
inindwaa. Mii go bi-giiwewaad ko aaningodinong gii-pi-ikidowag,
"Mii ongow wayaabishkiiwejig ekidowaad, 'Gidanishinaabew.'"

Naa dash ge imaa endaawaad eyaawaad mii go ge gii-ayinindwaa, "Gidanishinaabew." Eyaawaad gii-ikidowaad, "Giwaabishkiiwe."

Mii dash igo imaa gii-pagidinindwaa isa imaa Anishinaabeg eyaawaad dibishkoo go imaa endazhi-biindigebii'igaazong, gii-asaawaad imaa ji-anishinaabewing. Mii iw mazina'igan gii-ayaamowaad ji-anishinaabewiwaad. Mii dash aw Niigaan azhigwa gii-izhaad iwidi anishinaabewing, mii iwidi gii-tagoshing iwidi baakiiginindwaa gimishoomisinaanig naa nookomis, maagizhaa mii azhigwa go imaa gii-ni-gikendang iw ezhichigewaad ingiw Anishinaabeg. Mii iw ge azhigwa ani-naazikang. Mii dash iniw owiiwan, mii go imaa apane izhaad imaa niimi'iding mii go imaa ge wiin izhaad iwidi sa bi-wiidookaazod ge wiin iwidi sa niimi'iding naa ge iwidi biidood iw jiibaakwewin naa ge gii-wiidookawaad iniw ikwewan giziibiiginaaganenid. Naa ge iniw abinoojiinyan ogii-wiijiiwaan, mii go ge wiinawaa imaa azhigwa ani-dagoshinowaad imaa anishinaabewing ezhichigewaad, mii ge wiinawaa azhigwa odaapinamowaad iw anishinaabewiwin.

Geget dash iw geyaabi gii-sanagad aanind go gaawiin awiya aanind go gaawiin i'iw ogii-odaapinaasiwaawaan, gaawiin mashi dibishkoo go gaawiin, gaawiin go odinenimaasiwaawaan ji-anishinaabewinid mashi, aanind igo. Niwiindamawaag dash iw, "Gego bizindawaakegon ingiw ganawaabam a'aw wii-ikidod i'iw. Giishpin dash igo apiitenimad a'aw wii-ikidod i'iw, mii iw geget izhiwebak gegoo. Awiya dash o'ow anooj ezhiwebizid iw ekidod, gego bizindawaaken. Gaawiin go ogikendanziin gayaagiigidod ganabaj go nishkaadizi, mii iw wenji-ikidod i'iw. Mii go giin i'iw gwayak minochigeyan bimaadiziyan, wiidookawad giwiiji-anishinaabe gagwe-naabishkang i'iw anishinaabewiwin."

Mii go akina ingiw oniijaanisan aw Niigaan gaa-izhi-miinindwaa i'iw izhinikaazowin naa ge niibowa odayaawaawaan iniw wiiyawen'enyan. Mii dash a'aw owiiwan, mii i'iw ge wiin azhigwa gii-

waabandang iniw Anishinaabeg ezhichigewaad ezhi-minochigewaad
sa naabishkawaawaad iniw manidoon. Gaawiin-sh wiin go ogii-
pagidinanziin iw wiin, ge wiin i'iw anami'aawin. Aaningodinong
ko ge iniw oniijaanisan, oniijaanisiwaan iwidi gii-o-izhaawag.
Aanind ge iniw wiinawaa oniijaanisan miinawaa anami'aawaad
gii-siiga'andawindwaa. Mii gaye ingiw ayizhi'indwaa. Geyaabi
dash wiin go imaa izhaawag niimi'iding naa ge ogii-miinaawaan
iniw oniijaanisiwaan iniw da-wiiyawen'enyiwaad. Mii iw geyaabi
noongom ezhi-naabishkamowaad i'iw anishinaabe-bimaadiziwin.

Mii dash igo imaa weweni go ayaawag noongom, gaawiin
go wiisagendanziiwag, gaawiin ge maazhendamawaasiiwag,
mii go mino-bimaadiziwaad. Mii a'aw Niigaan iniw manidoon
weweni sa gii-kanawaabamigod naa ge weweni ganawaabamigod
iniw oniijaanisan. Nashke dash ingiw gegoo anooj enaajin
iniw, mii go akina awiyan wiinawaa ingiw anooj izhi-inaawaad.
Mii iw ge iniw Anishinaaben anooj ezhi-inaawaad, gaawiin
eta go iniw aabita ingiw wiisaakodewininiwag. Gegoo ingiw
anishinaabewiwag naabishkamowaad iw anishinaabewiwin, mii
go iw anishinaabewiwaad, niin go enendamaan.

Mii dash iw ge wii-waabishkiiwewaad, mii go maanoo.
Gaawiin gegoo indaa-inaasiig. Miish wiin go imaa aw Niigaan
gii-zhawenimaad iniw oniijaanisan, mii go imaa minotawaad,
minosewaad ingiw oniijaanisan. Mii go imaa naabishkamowaad
gikendaasowin. Miinawaa ge aanind ge mii go imaa geyaabi
dagoshinowaad sa imaa baakiiginindwaa ingiw gimishoomisinaanig
naa imaa nookomis, mii go ge wiinawaa bi-wiidookaazowaad. Mii
wiin iw gwayak gaa-wiindamawaad sa gii-izhichigenid. Gaawiin ge
gegoo a'aw omaamaayiwaan mii go geyaabi i'iw, gaawiin gegoo anooj
odinaasiin iniw odabinoojiinyan. Mii go minwendang sa waabamaad
minwendaagoziwaad naabishkamowaad mino-bimaadiziwin.

Nake dash ongow anooj enindwaa anooj ingiw ekidowaad, mii ko

aaningodinong Niigaan bi-gagwejimind, "Wegonen ezhichigeyaan, ekidowaad i'iw?" "Gego, gego izhichigeken, asemaataw, zhawenim. Gego anooj inaaken, gego anooj inaabamaaken, gego anooj maji-inenimaaken. Asemaataw. Gego nishkaadiziken."

Niwii-tazhimaanaan a'aw wiisaakodewinini. Mii omaa ge wiin ayaad sa imaa ongow Anishinaabeg ayaawaad. Aaningodingong ko zanagadini sa omaa ji-odaapinindwaa omaa anishinaabeng. Aanind imaa ingiw odinenimaawaan sa ji-waabishkiiwenid. Giwii-tazhimaanaan dash wa'aw Niigaan gii-anishinaabewininiiwi. Mii imaa gii-gikinoo'amawind imaa wayaabishkiiweng gikinoo'amaading. Mii dash imaa gii-pi-gaganoonind, mii aw naagaanizid imaa genawenimaajin iniw Anishinaaben giizhiikamowaad i'iw gikinoo'amaadiwin. Gii-pi-gagwejimaad, "Aaniish waa-izhichigeyan eshkwaa-gikinoo'amaagooyan?"

Mii i'iw anishinaabeng gikinoo'amaadiwin gii-pi-gagwejimaad, "Aaniish waa-izhichigeyan giizhiikamang ow gikendaasowin?" Ogii-wiindamawaan dash wii-izhaad iwidi gabe-gikinoo'aamaadiiwigamigong wii-izhaad. Ogii-wiindamaagoon dash, "Gaawiin anishinaabewiyan giga-gashkitoosiin imaa ji-izhaayan." Gii-ikido dash, "Mii ongow Anishinaabeg odaa-aabajitoonaawaan oninjiin maazhaa izhaayan sa ji-gikinoo'amaagooyan ji-aabajitooyan gininjiin maazhaa imaa biindigeyan giga-gikinoo'amaagoo anokiiwin ji-aabajitooyan iniw gininjiin. Naa ge Anishinaabeg nitaa-zhimaaganishiiwiwag maazhaa giga-naazikaan iw zhimaaganishiiwiwin."

Mii dash Niigaan gaa-izhi-inendang, "Maazhaa debwe wa'aw." Mii dash gii-gagwe-biindiged ji-zhimaaganishiiwid. Gii-aanawenimaa dash. Oshkiinzhigoon, naa iniw ozidan. Gaawiin gii-minwaabisiin naa gaye nabagizide. Mii dash i'iw gii-naazikang iw anokiiwin ji-aabajitood oninjiin. Mii dash imaa gii-mikang anokiiwin, *Denver* gii-izhinizha'waa. Gii-maajii-anokiid, mii imaa

gii-nagishkawaad iniw ikwewan ge-wiidigemaajin. Gii-waabishkiiwe
a'aw ikwe. Megwaa dash imaa anokiiwaad, ogii-kanoonigoon iniw
wayaabishkiiwenijin sa ji-biizikang iniw zhimaaganishiiwini-
biizikiiginan. Ogii-wiindamawaan iniw odoogimaaman imaa
enokiid bi-ganoonind. Ogii-wiindamaagoon dash, "Mii go ji-
izhaayan, mii go gigii-aanawenimigoo aabiding, mii miinawaa
ji-aanawenimigooyan."

Miish gaa-izhi-izhaad iwidi gii-kanoonind, bakaan dash
noongom, mii gii-piindiganind ji-zhimaaganishiiwid. Niizho-biboon
gii-zhimaaganishiiwi. Mii dash gaa-ishkwaa-zhimaaganishiiwid,
mii imaa gii-wiidigemaad iniw odikweman. Jibwaa-wiidigewaad
gii-kaganoonidiwag. Ogii-tazhimaawaan odabinoojiimiwaan
ayaawaawaad, aaniish gwayak ezhaawaad? Anishinaabe maazhaa
wayaabishkiiwed? Ikwe, owiiwan iniw waa-wiidigemaajin gii-ikidod
ji-minwendang anami'aawaad iniw oniijaanisiwaan. Mii dash igo
Niigaan gii-nakodang. Wayiiba dash gii-wiidigewaad. Mii imaa gii-
ayaawaawaad oniijaanisiwaan.

Mii dash imaa, mii ingiw abinoojiinyag izhaawaad
imaa gikinoo'amaading, mii imaa gii-bitaakoshkamowaad
i'iw inigaayendamowin. Wayaabishkiiwed odinaawaan
anishinaabewiwaad, naa ingiw Anishinaabeg wiindamawaawaad
waabishkiiwewaad. Gaawiin eta go abinoojiinyag aanind gichi-
ayaa'aag, wayaabishkiiwejig naa ge Anishinaabeg. Ogii-kaganoonaan
dash Niigaan, "Iishpin gwayak waa-ayaawaad, gaawiin daa-ikidosiin
i'iw. Ingiw dash, anooj ezhiwebizijig, mii ingiw waa-ikidowaad i'iw.
Mii ongow epiitenimindwaa, mii ingiw bizindaw. Manidoo gaa-
pi-miininang ingiw abinoojiinyag. Nake ongow chi-gwiiwizensag
gayaagiigidojig, mii imaa wiindamaagooyang akina giinawind
anishinaabewiyang ji-wiidookawangwaa gaa-pi-miinigooyang
abinoojiinyag ji-wiidookawangwaa ji-naabishkamowaad i'iw mino-
bimaadiziwin naa mamaajiiwin." ●

8 Bagida'waang

Gaa-tibaajimod **SHIRLEY BOYD**

Gaa-tibaajimotawaajin **CHATO GONZALEZ**

Jiigi-zaaga'igan gii-taawag chi-waakaa'iganing.
Omaamaayiwaan Ogizhii izhinikaazowan miinawaa
Zhinawise odedeyiwaan gii-taawan imaa.

Ogii-wiij'ayaawaan naanan odaanisan
naa niiwin ogozisan. Baabii'obiikwe, Ishkwegaabawiikwe,
Wewezhigaabawiikwe, Ojiingo naa-sh Amikogaabawiikwe gii-
izhinikaazowan odaanisiwaan.

Aabiding gii-izhaawaad
ingiw gwiiwizensag imaa
mezinaateseg. Gaawiin ogii-
pagidinaasiwaawaan ji-
wiiji'iwenid Amikogaabawiikwen.
Azhigwa dash babaamosed
Amikogaabawiikwe ogii-
noondaan gegoo imaa
zaaga'iganiing. Ogii-waabamaan
odedeyan. Baashkizigan
ogii-ayaan.

Miish imaa nibiikaang
ogii-waabamaan omaamaayan
wiikobidoonid i'iw chi-jiimaan.
Miish imaa agidoonag gii-
ayaawan gizhaadigewininiwan.

49

Baashkizigan ogii-izhinoo'ogoon imaa opikwanaang.
Namanjinikaang akeyaa gii-inaabid a'aw Amikogaabawiikwe,
waabooyaanan egoodenig niswi omisenyan baashkiziganan ogii-
ayaanaawaan gaazonid.

Miish wapii awiya ogii-mamigoon a'aw Amikogaabawiikwe.
Miish gaa-waabang gii-pi-naanind a'aw Zhinawise.

Gibaakwa'odiiwigamigong gii-izhiwinaa Zhinawise. Gaawiin dash iniw odaanisan gii-izhiwinaasiiwan. Mii eta Zhinawise. Ginwenzh gii-ayaa imaa gibaakwa'odiiwigamigong.

Mii iw gaa-pi-izhiwebak mewinzha wii-pagida'waad a'aw Anishinaabe. Noongom dash nibagidinigoomin ji-bagida'waayaang.

Gigizheb, ozigosan gii-kwanabishkaanid jiimaaning naadasabiinid, ogii-nishkaadiziitaagoon. Gaawiin wiin ikwezens gii-poozisiin imaa jiimaaning gii-onzaamaanimadini. "Gego awiya wiindamawaaken," ganabaj iw gii-odaapishkaanig ogoodaas. Wiin ogii-kashki'aan asabiin gii-agwaabiiwinaad. Gii-wiindamaagod gaa-izhi-wiikobinaad gii-agwaabiiwinaad asabiin.

Mii dash imaa gii-azhegiiwewaad. Wiineta gii-nisaabaawe. Geget dash ogii-tebinaawaan giigoonyan.

10 Wanii'igeng

Gaa-tibaajimod **SHIRLEY BOYD**

Gaa-tibaajimotawaajin **CHATO GONZALEZ**

Aabiding niizh gwiiwizensag wii-o-wanii'igewag azhigwa onaagoshig. Akawe gii-abaabasigewag iniw wanii'iganan. Miish igo iwidi wii-atoowaad iniw wanii'iganan besho igo nibiikaang.

Owii-aabaji'aawaan iniw adikamegwan miijimikanjigan. Owii-naanooji'aawaan iniw amikwan, waabizheshiwan miinawaa zhiingosan. Migizi miinawaa Zhashagiins izhinikaazowag ingiw oshki-ininiwag. Migizi ogii-kagwejimaan iniw oshiimeyan Zhashagiinsan, "Aansh ge-atooyang onow wanii'iganan?" Iwidi ogii-nakwetaagoon izhidoonenid a'aw Zhashagiins. "Ahaw," ikido Migizi.

Miish imaa mashkimodaang ogii-atoonaawaan iniw wanii'iganan. Ogii-pimoondaanaawaan iniw mashkimodan. Akawe jibwaa-atoowaad wanii'iganan, akawe asemaan gii-asaawaad. Ayapaapii igo ogii-atoonaawaan besho nibiikaang. Ogii-gikendaanaawaan akeyaa ji-atoowaad.

Miish imaa gaa-ishkwaataawaad gaa-izhi-giiwewaad ji-nibaawaad. Baamaa apii jibwaa-wiisiniwaad gigizheb gii-paa-dibaabandamowaad iniw wanii'iganan.

Ani-dagoshinowaad gii-wanitoowaad bezhig i'iw wanii'igan. Bezhig ogii-maajiidoon i'iw wanii'igan. Zhashagiins gii-piibaagi, "Gigii-kimoodimigoomin! Ambe iwidi akeyaa izhaadaa!" izhidoonenid. "Aazhawa'o, izhaadaa nandawaabamaadaa," Migizi ikido. "Omaa akeyaa, mii gii-mikawag bezhig a'aw chi-zhaangweshi,

gii-maajiidood o'ow wanii'igan. Wewiib bi-wiidookawishin. Geyaabi bimaadizi."

"Daga nishi Zhashagiins!" ikido Migizi. "Gaawiin giin, giin gimikawaa," ikido Zhashagiins. "Oonh yay, ahaw goda," ikido Migizi. "Wewiib mitig aabajitoon. Bagite'w!" ikido Zhashagiins. Miish imaa gii-bagite'waad iniw chi-zhaangweshiwan wii-niiwana'waad.

Azhigwa gii-kiiwewaad omaamaayiwaan gii-saasakokwed. Zaasiganan ogii-ozhi'aan ji-ashamaad iniw oshki-ininiwan gigizhebaawagadinig miinawaa aniibiish. Azhigwa gii-tebisewendamowaad gii-o-bakonaawaad iniw chi-zhaangweshiwan. Zhiibaakwa'ataanan ogii-aabajitoonaawaan. Imaa dabazhish ogii-agwaakwa'aanaawaan zhaangweshiwayaanan. Zaga'iganan ogii-aabajitoonaawaan.

Miish imaa nanaamadabiwaad baashkaapiwaad i'iw akeyaa gaa-izhichigewaad gii-nisaawaad iniw chi-zhaangweshiwan! ●

11 Chi-bikwaakwad: Gwiiwizens Gii-noondang Nitam Chi-mookomaan-izhigiizhwewin

Gaa-tibaajimod **FRANCES DAVIS**

Gaa-tibaajimotawaajin **BRADLEY HARRINGTON**

Ingoding gwiiwizens gii-izhaad imaa chi-bikwaakwad dazhiikamowaad. Mii imaa nitam gii-izhi-noondang Chi-mookomaan-izhigiizhwewin. Gii-tagwaagig, gii-ningwakwad, gii-gisinaamagad.

Gii-pi-naanigod a'aw gwiiwizens odoodaabaaning iniw Chi-mookomaanan. Gii-maajii-zhaaganaashiimo aw Chi-mookomaan, gaawiin onisidotawaasiin. Mii a'aw awiya anishinaabewid ayaad da-aanikanootawaad. "*Basketball camp* gidizhaa," gii-wiindamawaad.

Gaawiin gegoo gii-ikidosiin a'aw gwiiwizens. Ogitiziiman gii-pagidinigod da-izhaad. Gii-kikinoo'amawind a'aw gwiiwizens ezhi-nitaa-dazhiikang chi-bikwaakwad, ezhi-baamibatood, ezhi-biinjwebiniged, naa gaye da-gikendang Chi-mookomaan-izhitwaawin. Niizho-anama'e-giizhik

gii-kanawenimigod. Mii imaa chi-bikwaakwad dazhiikamowaad
apane zhaaganaashiimod.

Gii-kiiwewinigod miinawaa. Ayaangodinong ojibwemo
naa gaye zhaaganaashiimo. Gaawiin miinawaa da-bagidinaasiin
da-izhaad iwidi. Ominwendaan gii-izhaad da-nitaa-dazhiikang
chi-bikwaakwad. Mii eta go niizho-anama'e-giizhik da-wiikwajitood
da-zhaaganaashiimod. ●

12 Gii-nandawaaboozweng

Gaa-tibaajimod **SHIRLEY BOYD**
Gaa-tibaajimotawaajin **CHATO GONZALEZ**

Gigizhebaawagadinig dagwaagig gii-maajaawaad gikinoo'amaading. Gii-ayaawag niizh gwiiwizensag naa-sh niswi ikwezensag. Gii-misawendamoog da-nandawaabamaawaad iniw waaboozoon ingiw gwiiwizensag ji-wiisiniwaad naawakwenig.

Megwayaak baa-izhaawaad, mii wapii gii-tebibinaawaad iniw waaboozoon ingiw gwiiwizensag. Namanj gaa-tebibinaawaagwen ingiw gwiiwizensag. Ogii-piinaawaan dash bezhig iniw waaboozoon. Megwaa baabii'owaad ingiw ikwezensag gii-kimoodiwag iniw opiniin imaa gitigaaning miinawaa waazakonenjiganaaboo ji-biskanewaad.

Mii imaa megwayaak gii-odisidiwaad gakina ingiw abinoojiinyag. Ogii-ayaawaawaan iniw waaboozoon miinawaa opiniin. Gii-poodawewag imaa aabajitoowaad i'iw waazakonenjiganaaboo.

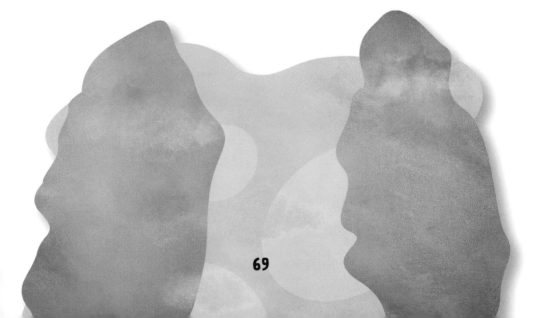

Azhigwa gii-kiiwewaad, ogii-gikenimigowaan iniw
ogitiziiimiwaan gii-gikinoo'amaagozisigwaa. Gii-wiindamaagewag
gaa-izhaajig gaa-wiij'ayaawaajig imaa gikinoo'amaading, gaawiin
gii-izhaasiiwan imaa gikinoo'amaading. Azhigwa gii-izhaasigwaa
gikinoo'amaading. Ayapaapii iko gii-izhiwinigowaad ingiw
gwiiwizensag naa-sh ikwezensag odedeyiwaan ji-booziwaad imaa
gikinoo'amaadiiwidaabaaning ji-gikinoo'amaagoziwaad. ●

13 Ingogon

Gaa-tibaajimod **JOSEPH NAYQUONABE SR.**

Gaa-tibaajimotawaajin **ANTON TREUER**

Mii ongow abinoojiinyag ezhichigewaad onishkaawaad gabe-giizhig, ezhichigewaad endaso-giizhik. Inashke dash amajwebinindwaa ji-onishkaawaad. Mii dash miinawaa ozhiitaawaad ji-giziibiigazhewaad, ozhitoowaad nibaaganan. Mii dash iw odedeyiwaan manised, naa gaye boodawed, owiiwan o-jiibaakwenid, omaamaayiwaan giizisidoonid wiisiniwin. Mii dash ge-miijiwaagwen ozhaashi-manoomin, aaningodinong ko ge waawanoon, gookooshiwi-wiiyaas. Mii dash iw giizhiitaawaad baabii'aawaad booziwidaabaanan bemiwinaawaad abinoojiinyan gikinoo'amaadiiwigamigong.

   Mii dash iwidi dagoshinowaad gabaa'aawaad iwidi izhaawaad iwidi ayasindwaa gikinoo'amaadiiwigamigong anooj igo gikinoo'amawindwaa, aanind Ojibwemowin gikinoo'amawindwaa, miinawaa agindaasowaad miinawaa gaye ji-zhaaganaashiimowaad, ji-

ozhibii'igewaad, asigibii'igewin aabajitoowaad agindaasowinan.
Anooj igo gikendaasowin owii-gikendaanaawaa, nibi wenjikaamagak
mitigong, miinawaa go gaye a'aw wayaabishkiiwed gaa-tagoshing,
Anishinaabeg gii-nagishkawaawaad, gii-wiidookawaawaad, ji-
naabishkawaawaad bimaadiziwin. Miinawaa gaye dazhitaawag
aangodinong bagidinaawaad ji-dazhitaawaad.

Naawakwenig, mii iw ashamindwaa, miish ajinens dazhitaawaad
miinawaa. Mii dash biindiganindwaa, miish miinawaa maajitaawaad
gikendaasowin. Mii dash wayiiba ji-giizhiikamowaad i'iw
gikinoo'amaadiwin. Mii dash baabii'aawaad iniw booziwidaabaanan

bemiwinaajin abinoojiinyan, mii giiwewinindwaa endaawaad. Mii
dash dagoshinowaad endaawaad, baabii'igowaad omaamaayiwaan.

Miinawaa gaye gii-miinaawag anokiiwin, gikendaasowin ji-
nanda-gikendamowaad. Miinawaa gaye anooj gaye anokiiwin
odayaanaawaan endaawaad, nibi onaadin gwiiwizens. Anooj igo
gegoo izhichigewag. Ogiishkizhaan mashkosiwan gwiiwizens
miinawaa nibi ji-naadid. Miinawaa ikwezens owiidookawaan
omaamaayan ji-jiibaakwenid, maagizhaa gaye ji-biinichigenid,
miinawaa da-nabonang biizikiiginan, anooj igo gikinoo'amawindwaa
ji-wiidookaazowaad waakaa'iganing ji-ani-aabajitoowaad ingoding
maajaawaad ji-ayaamowaad wiinawaa owaakaa'iganiwaan, miinawaa

ji-gikinoo'amawaawaad oniijaanisiwaan gaye wiinawaa ingoding niigaan.

Mii dash bi-azhe-dagoshing odedeyiwaan ishkwaa-anokiinid. Giishpin dash diba'amawind, mii dash izhaawaad oodenaang ji-wiisiniwaad. Ominwendaanaawaa o'ow oodenaang izhaawaad, gemaa biizikiiginan owii-adaawetamawaan. Miinawaa miish bi-dagoshinowaad, mii dash abinoojiinyag dazhiikamowaad gaa-miinindwaa anokiiwin, agindaasowin. Mii dash jibwaa-nibaawaad omaamaayiwaan, obaabaayiwaan, owaawiindamawaawaan anishinaabewiwin. Miinawaa gaye wiindamawindwaa, "Gegoo na giwii-kagwedwem?" Anooj igo gegoo ogagwejimaawaan oniigi'igowaan. Miish jibwaa-nibaawaad apane wiindamawindwaa, "Gizhawenimigoom. Apane giga-zhawenimigoom." ●

14 Niimi'iding

Gaa-tibaajimod **JOSEPH NAYQUONABE SR.**

Gaa-tibaajimotawaajin **ANTON TREUER**

 Mii giizhiikamowaad i'iw gikinoo'amaadiwin miinawaa odedeyiwaan giizhi-anokiinid, mii iwidi Odaawaa-zaaga'iganiing wii-niimi'idiiwaad, mii go apii niimi'idiiwaad ji-minawaanigoziwaad.

Mii imaa onashkina'aawaad odaabaanan. Miinawaa gaye omiigwaniwaan, ziibaaska'iganan, zhinawa'oojiganan, miinawaa wii-o-niimiwag gwiiwizens, ikwezens miinawaa omaamaayiwaan.

Odedeyiwaan dash, wii-o-nagamo. Nitaa-nagamo. Nitaa-niimiwag ongow. Mii dash imaa waabamaawaad odinawemaaganiwaan miinawaa wiijikiwenyiwaan miinawaa wiijikwemiwaan miinawaa ookomisiwaan, omishoomisiwaan gaye. Mii ow apii menwendamowaad ezhiwebak. Ginwenzh gii-paabii'owag ji-ni-izhiwebak.

Booziwag odaabaaning, obaabaayiwaan odaabii'iwed. Waazakonenjiganaaboo odatoon odaabaaning, miinawaa wiisiniwin odadaawenaawaan, mikwam odatawaawaan mikwamii-makakoonsing ji-banaadasinok wiisiniwin waa-aabajitoowaad. Miinawaa gaye gegoo ji-minikwewaad odadaawenaawaan, nibi, aniibiishaaboo, gemaa waashkobaagamig. Mii dash bimibizowaad, mii ani-bakadewaad owaabandaanaawaa wiisiniiwigamig, mii dash nagaashkaawaad, mii imaa wiisiniwaad, anwebiwaad ajinens, mii imaa zaaga'amowaad.

Mii dash miinawaa maajiibizowaad, mii dash iwidi dagoshinowaad Odaawaa-zaaga'iganiing. Mii dash apane dagoshinowaad endazhi-gabeshiwaad. Miish wiinawaa odedeyiwaan miinawaa gwiiwizensag ozhisidoowaad babagiwayaanegamig. Miinawaa omaamaayiwaan miinawaa ikwezens mamoowaad odayi'iimiwaan ji-atoowaad babagiwayaanegamigong. Owaabamaawaan odinawemaaganiwaan. Miinawaa owiidookawaawaan. Omawadisaawaan. Ominwendaanaawaa waabamaawaad. Minwendaagoziwag.

    Mii dash mii wayiiba ji-ganoonindwaa ji-niimiwaad. Mii dash biizikang gwiiwizens odayi'iiman, miigwanan, zhinawa'oojiganan,

izhi-okaadeniged. Ikwewag dash obiizikawaawaan
ogoodaasimiwaan, miinawaa nanaa'itoowaad okaadeniganan.
Mii azhigwa noondawaawaad dewe'iganan, aanind ingiw ininiwag
jibwaa-maajitaawaad nagamowaad. Ominwendaanaawaa
noondawaawaad dewe'iganan.

Mii dash gaagiigidoowinini gaganoonaad iniw waa-niiminijin
ozhiitaanid ji-biindigeshimonid. Mii dash ji-maajii-niimiwaad,
niimi'iwewininiwag ji-biindiganaawaad. Mii dash akawe ingiw
zhimaaganishag ji-niigaaniiwaad ji-biindigadoowaad gikiwe'onan.
Mii imaa biindiganindwaa ininiwag, ikwewag, ishkwaaj dash
abinoojiinyag. Gaagiigido akiwenzii weweni ji-ganawaabamindwaa
niimi'idiiwaad, dazhitaawaad.

Mii go gaye dibishkoo gikinoo'amaadiwin, gikinoo'amawindwaa
abinoojiinyag gaagiigidowin, niimiwin. Niibowa imaa ayaawag
ingiw gikinoo'amaagewininiwag, gikinoo'amaagekweg. Mii go
wiindamawindwaa wenji-niimiwaad zhimaaganishag miinawaa
anooj inaabajitoowaad niimiwaad geyaabi bemiwidooyang, gaye
wiinawaa ji-ni-bimiwidoowaad.

Ke dash gaye imaa endazhi-gabeshing ji-gikinoo'amawindwaa ji-
ozhitoowaad ishkode, ji-boodawewaad, mewinzha ko ezhichigeyang
geyaabi bemiwidooyang, miinawaa
asemaachigeng, wiidookawangwaa
gaye gichi-aya'aag, awegwen igo
wiidookawang, ji-zhawenindiyang.
Mii giinawind iw gikendaasowin. ●

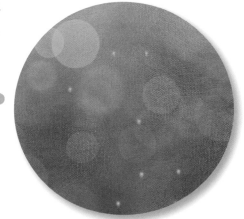

15 Chi-odoon

Gaa-tibaajimod **LORENA *PANJI* GAHBOW**

Gaa-tibaajimotawaajin **CHARLIE SMITH**

Gaawiin gegoo izhichigesiin. Meta go
ominwendaan izhichiged niimi'iding. Iishpin
minwenimaad awiya mii dash baapinenimaad wiij-
anishinaabeman. Wiinetawaa wiijikiwenyan. Anooj
igo waabamaad, chi-gizhewaadizi.

Iishpin dash aabajitood giigidowin, omaazhi-dazhimaan iniw
wiij-akiwenziiyan. Mii dash maajitaad dazhimaad iniw ininiwan.
Aaningodinong iko onishkimaan iniw wiijikiwenyan onzaam
dazhimaad. Megwaa go wiidabimaad
awiya obiijimaamaan. Mii dash gaa-izhi-
wiindamaaged, "Gego wiidabimishiken,
gimaazhimaagozide."

Gaa-izhi-maajitaad miinawaa maazhi-dazhimaad ininiwan, "He Gagiibaadiz! Ganawenim giniijaanisag!" Mii dash gaa-izhi-agaji'aad ininiwan. Onzaam sa naa!

Onzaam ogii-nishki'aan omaamaayan. Ogii-wiindamagoon iniw omaamaayan ji-ishkwaataad maji-giigidod. "Wiisagendamoog

gaa-maazhi-dazhimajig. Aanawi go gigikendaan waawiyendaagwak gaa-ikidoyan, gaawiin gidaa-izhichigesiin i'iw. Ginoondaagoog giij-anishinaabemag. Awegonen enendamowaad? Gidaa-wiindamawaag, "Gaawiin ingii-mikawisiin." Ogii-nandawaabamaan iniw ininiwan.

Ogii-wiindamawaan, "Gaawiin igo onjida gigii-wiisagenimisinoon, niijii!" Gaawiin geyaabi owiisagendanziin. Ogii-shawenimaan iniw Chi-odoonan. Gii-minwendamoon miinawaa aw Chi-odoon iniw omaamaayan. Mii iw. ●

16 Niizh Gwiiwizhenzhishag Manoominikewaad

Gaa-tibaajimod **FRANCES DAVIS**

Gaa-tibaajimotawaajin **CHATO GONZALEZ**

Aabiding wii-manoominikewag niizh ingiw gwiiwizhenzhishag. Gii-kina'amawindwaa da-boozisigwaa jiimaaning giiwashkwebiiwaad. Wengish igo gii-pooziwaad gii-kina'amawindwaa da-boozisigwaa. Mii dash igo gaa-izhi-bakobiisewaad.

Owiidookaagowaan niizh iniw gaa-pawa'aminijin da-nishkaazomindwaa gii-pooziwaad gii-inindwaa da-agwaataawaad da-boozisigwaa. Miish aw bezhig gaa-inaad, "Gegaa sa go giga-gonzaabiiginin nawaj," iniw bezhig gwiiwizhenshishan oshiimeyan. Mii dash gaa-izhi-inaad da-agwaataanid. Mii dash azhigwa agwaataawaad. Miish miinawaa gaawiin gii-poozisiiwag.

Eni-dagoshinowaad imaa endaawaad gii-
wiindamawindwaa miinawaa da-boozisigwaa
giiwashkwebiiwaad, chi-wiiyagi'idizowaad
gii-kwanabisewaad. Gaawiin sa wiin awiya
daa-boozisiin imaa jiimaaning
manoominiked. ●

17 Ingiw Anishinaabeg Gaa-gikendanzijig i'iw Zhaaganaashiimowin

Gaa-tibaajimod **LEE STAPLES**

Gaa-tibaajimotawaajin **DUSTIN BURNETTE**

Mii imaa waa-tazhimagwaa ingiw bemaadizijig i'iw ko gii-izhaawaad gii-pimidaabaanewag iniw bebezhigooganzhiin ogii-aabaji'aawaan.

Shke dash o'ow aabiding a'aw Chi-mookomaan babaamaadizid gii-pimidaabaane babaamaadizid. Shke dash gii-wiinijiishkiwagaa i'iw apii, mii dash a'aw gaa-izhi-bakebizod a'aw Chi-mookomaan bimidaabaanigod. Mii imaa gii-paataashing i'iw wenda-wiinijiishkiwagaanig. Mii go gaawiin ogii-kashki'aasiin wii-wiikobinaad onow bemidaabaanaajin. Gaawiin ogii-ayaawaasiin awiya ge-naadamaagenid da-gaanjwebinigenid.

Shke dash imaa besho gii-taawag ingiw Anishinaabeg ogii-waabandaan imaa wiigiwaam imaa besho ayaamagadinig. Bakweneyaabatenig imaa gii-poodawewaad ingiw Anishinaabeg imaa gaa-taajig imaa wiigiwaaming. Mii dash gaa-inendang a'aw Chi-mookomaan, "Daga indaa-naazikawaag ingiw Anishinaabeg da-bi-gaanjwebinigewaad omaa baataashinaan."

Mii dash i'iw gaa-izhi-naazikang i'iw wiigiwaam. Mii imaa gaa-piindiganigod Anishinaaben imaa gaa-taanijin. Shke dash mii imaa a'aw Chi-mookomaan wenda-wiizhagitoo zhaaganaashiimotawaad onow Anishinaaben imaa biindig gaa-ayaanijin, gii-kagwejimaad da-bi-naadamaagod baataashing.

Shke dash gaawiin ogii-gikenimaasiin Anishinaaben imaa
gaa-ayaanijin. Mii eta go gii-ojibwemowaad. Gaawiin ogii-
gikendanziinaawaa o'ow zhaaganaashiimod awiya. Mii dash imaa
ayaapii ani-ganoonaad onow Anishinaaben imaa gaa-ayaanijin, mii
imaa nakwetaagod, "Wegonen danaa waa-ayaaman?" Nebowa dasing
imaa gii-shaaganaashiimotawaad onow Anishinaaben gaa-ayaanijin
nanaandomaad da-bi-naadamaagod. Hay'. Mii eta go apane

nakwetaagod onow Anishinaaben, "Wegonen?" Gegapii go gaa-izhi-nishki'igod onow Anishinaaben apane nakwetaagod, "Wegonen?", mii dash i'iw gii-wenda-wiisagigidaazod a'aw Chi-mookomaan.

Apane noondang i'iw 'wegonen,' igod onow Anishinaaben, mii gaa-izhi-nakwetawaad, "*Yes, yes, yes, the god damn wagon's in!*" Mii eta go omaa inaajimoyaan. ●

18 Biins

Gaa-tibaajimod **SUSAN SHINGOBE**

Gaa-tibaajimotawaajin
JOHN BENJAMIN & MICHAEL SULLIVAN SR.

Gikinoo'amaadiiwigamig omaa Misi-zaaga'iganing gaa-tagog gikinoo'amaadiiwigamig, eko-ishwaaching gii-akosemagad gekinoo'amaadijig.

Miish a'aw nimisenh gekinoo'amaaged niwiindamaagonaan, "*Bean soup* wii-miijiyang naawakweg. Ayiigwa niwii-wiisinimin."

Chi-bazigonjibatood a'aw Matinoo ko gii-izhinikaazo nimise, gaa-izhi-ginjiba'iwed imaa dazhi-gikinoo'amaadiiwin, gii-kiiwebatood. "Aaniin danaa ba-onji-giiweyan wewiib?" odinaan nimaamaa.

"Biinsan sha ge owii-amwaawaan," mii gaa-izhinikaazod nisayenh, Biins. Gii-wanitam iidog. Biinsan sha ge owii-amwaawaan. Booch idash igo gii-azhegiiwe aaniin minik dasogon aano-gii-pi-naanigod iniw gekinoo'amaagenijin. Gii-azhegiiwe sa go, booch iwidi da-gikinoo'amaagozid. Gii-wanitam iidog iw Biins wii-amwaanid, mii gii-izhinikaazod nisayenh "Biins," mii iidog ige gaa-initang Biinsan sha ge owii-amwaawaan. ●

103

19 Ingiw Gaa-mina'aajig onow Waawaabiganoojiinyan

Gaa-tibaajimod **LEE STAPLES**

Gaa-tibaajimotawaajin **DUSTIN BURNETTE**

Ishke niwii-wiindamaage gaa-inaajimotawid akiwenziiyiban gaa-nitaawigi'id. Mii imaa giitazhimaad iniw niizh anishinaabewininiwan. Gii-nanaamadabiwag adoopowining endazhi-maminikwewaad. Shke dash imaa nanaamadabiwaad gaa-izhi-waabamaawaad onow waawaabiganoojiinyan baa-dazhitaanid imaa anaamayi'ii adoopowining.

Gaawiin igo ogii-pooni'igosiiwaan onow waawaabiganoojiinyan. Mii dash a'aw bezhig inini gaa-izhi-dazhimaad onow waawaabiganoojiinyan, mii dash i'iw gaa-inaad onow waaji-minikwemaajin, "Gemaa gaye a'aw waawaabiganoojiinh mesawendamogwen gaye wiin wii-minikwed. Daga mina'aadaa."

Mii dash i'iw ogii-mikaanaawaa i'iw onaagaans agaasaamagadinig imaa gii-siiginamowaad i'iw ishkodewaaboo endazhi-maminikwewaad. Mii dash awedi bezhig inini gaa-igod, "Gemaa gaye onzaam da-wiisagaagamin i'iw ishkodewaaboo da-minikwepan a'aw waawaabiganoojiinh. Bangii imaa gidaa-dagonaamin i'iw waashkobaagamig." Mii dash gaa-izhichigewaad imaa anaamayi'ii adoopowining gii-atoowaad ge-minikwenid onow waawaabiganoojiinyan. Megwaa dash imaa maminikwewaad dabazhish imaa anaamayi'ii adoopowining inaabiwaad gaa-izhi-

waabandamowaad gii-siikaapidaminid onow waawaabiganoojiinyan gaa-mina'aawaajin.

Mii dash ongow gaa-ikidowaad, "Daga nawaj gidaa-mina'aanaan a'aw waawaabiganoojiinh." Shke nebowa dasing ogii-mina'aawaan onow waawaabiganoojiinyan.

Gomaapii gaa-izhi-moonenimaawaad inaakizigenid onow waawaabiganoojiinyan. Mii o'ow gaa-izhichiged wa'aw waawaabiganoojiinh, gaa-izhi-maajii'amaazod wenjida imaa inaakiziged. Shke dash a'aw inini bezhig gaa-ikidod, "Ginoondaanan ina nagamonan aabajitood a'aw waawaabiganoojiinh, mii iniw gete-nagamonan mewinzha ishkwaaj gii-noondamaambaan." Geget ogii-minotawaawaan onow waawaabiganoojiinyan.

Mii iw gaa-izhi-inendamowaad nawaj wii-mina'aawaad, nawaj dash igo da-nagamonid. Mii sa geget gii-wenda-zegaakwabiid a'aw waawaabiganoojiinh. Mii imaa gii-akwaandawed imaa agijayi'ii adoopowining, ani-wiikwajitood wii-niibawid a'aw waawaabiganoojiinh. Shke dash imaa niibawid, mii i'iw gaa-izhi-babiikwaakoninjiinid, mii dash i'iw gaa-izhi-gagwedwed, "Aaniindi danaa ayaad a'aw gaazhagenzhish?", wii-miigaanaad.

Ishke dash imaa ani-wiindamaageng gaa-izhiwebizid a'aw waawaabiganoojiinh gaa-mina'ind, mii iw ezhiwebizid a'aw bemaadizid ani-aabajitood i'iw minikwewin. Mii imaa wenjikaamagadinig wenda-gagiibaajichiged miinawaa wenda-nichiiwenimod. ●

Ishkwaabii'igan

Ginwenzh ogii-kagwaadagi'igoon Anishinaabe Chi-mookomaanan.
Eshkam agaasiinowag netaa-ojibwemojig miziwekamig. Gegoo dash
noomaya izhiwebad owidi Misi-zaaga'iganiing. Mii eta go ayaawaad
niishtana ashi-naanan ingoji go netaa-anishinaabemojig omaa.
Geget dash gichi-anokiiwag ji-maada'ookiiwaad awegodogwen
gekendamowaad yo'ow Anishinaabemowin. Owii-atoonaawaan
odibaajimowiniwaan mazina'iganing ji-aginjigaadenig
oniigaaniimiwaang odaanikoobijiganiwaan. Ginwenzh gii-
maawanji'idiwag ongow gichi-anishinaabeg Misi-zaaga'iganiing gaa-
tazhiikamowaad yo'ow mazina'igan. Aanind ogii-tibaadodaanaawaa
gegoo gaa-izhiwebak. Aanind igo gaye ogii-michi-giizhitoonaawaan
oshki-dibaajimowinan. Niibowa gegoo gikinoo'amaadiwinan
atewan omaa miinawaa niibowa dibaajimowinan ji-baaping.
Omisawendaanaawaa ji-minwendaman agindaman gaa-
wiindamaagewaad.

Gaawiin ayaasiin awiya debendang gidinwewininaan. Gaawiin
ganage awiya odibendanziinan anishinaabe-gikinoo'amaadiwinan
wiineta go. Gakina gegoo gimaamawi-dibendaamin. Ezhi-
maada'ookiiwaad onow dibaajimowinan ongow gichi-aya'aag,
izhichigewag onjida ji-ni-bimaadiziimagak gidinwewininaan.
Ogii-ozhibii'aanaawaa *copyright* naagaanibii'igaadeg omaa
mazina'iganing ji-gikendaagwak awegwen gaa-tibaajimod. Gaawiin
dash onji-izhichigesiiwag ji-gina'amawaawaad awiya niigaan ji-
aadizookenid gemaa ji-ni-dibaajimonid gaye wiin.

Ishpenimowag ongow gichi-aya'aag ji-maada'ookiiwaad
odinwewiniwaan. Odapiitenimaawaan gakina Anishinaaben wii-
nanda-gikendaminid niigaan. Odebweyenimaawaan geget. Mii iw.